AF342771

CATALOGUE

DE

TABLEAUX

PRÉCIEUX

Des Écoles Française, Flamande, Hollandaise, Italienne
et Espagnole.

PARIS

IMPRIMERIE ET LITHOGRAPHIE DE MAULDE ET RENOU,
RUE BAILLEUL, 9 ET 11.

1843

CATALOGUE

d'une précieuse Collection

[Paul Périer]

DE

TABLEAUX

DES ÉCOLES

FRANÇAISE, FLAMANDE, HOLLANDAISE, ITALIENNE ET ESPAGNOLE,

DONT LA VENTE AURA LIEU,

Par le ministère de Me **BONNEFONS DE LAVIALLE**, Commissaire-Priseur, rue de Choiseul, 11.

RUE DES JEUNEURS, N. 16,

Les Jeudi 16 et Vendredi 17 Mars 1843.

Exposition publique

Les Dimanche 12, Lundi 13, Mardi 14 et Mercredi 15 Mars 1843.

PARIS.

IMPRIMERIE ET LITHOGRAPHIE DE MAULDE ET RENOU, rue Bailleul, 9 et 11, près du Louvre.   1237

1843

CONDITIONS DE LA VENTE.

La vente est faite au comptant.

Les acquéreurs paieront cinq pour cent en sus des enchères, applicables aux frais.

AVERTISSEMENT.

Les tableaux dont on va donner le catalogue sont trop connus des amateurs et proviennent de collections trop célèbres pour qu'il soit de quelque utilité d'en offrir au public une longue description. Tous commentaires élogieux seraient également superflus. Un seul regard jeté par un connaisseur sur des tableaux de ce mérite aura plus d'effet que n'en saurait produire un enthousiasme intéressé.

Tous les tableaux compris dans le présent catalogue, sans aucune exception, seront mis sur table aux enchères.

La vente d'estimation y compris quatre ou cinq tableaux non catalogués a la somme de 238,960 francs ——

LE CATALOGUE SE DISTRIBUE,

A PARIS,

Chez M. BONNEFONS DE LAVIALLE, commissaire-priseur, rue de Choiseul, 11.

A LONDRES,

Chez MM. CHRYSTY et MANSON, King street, saint James squarre.

A BRUXELLES,

Chez M. HÉRIS, rue Royale, 5.

A LILLE,

Chez M. TENCE, marchand de tableaux et objets d'arts.

A BORDEAUX,

Chez M. PILLOT, marchand de tableaux et objets d'arts, rue du Chapeau rouge.

A MARSEILLE,

Chez M. LAZARD, marchand d'objets d'arts, rue de la Darce.

DÉSIGNATION

DES

TABLEAUX.

N° 1.

BACKHUYSEN.

Marine, vue prise sur l'Y, en face d'Amsterdam.

Toile, haut. 50 cent., larg. 60 cent. — *3800*

(Cabinet de M. P. PÉRIER.)

N° 2.

BERGHEM (NICOLAS).

Un laboureur sur ses chevaux, figures et bestiaux dans un riche paysage.

Toile, haut. 44 cent., larg. 56 cent.

(Cabinet de feu M. CASIMIR PÉRIER.)

N° 3.

BERGHEM (NICOLAS).

Bergers et troupeaux traversant un gué.

Bois, haut. 41 cent., larg. 54 cent.

(Cabinet de M. P. PÉRIER.)

N° 4.

—

BERKHEYDEN.

—

La place de la cathédrale de Harlem.

TOILE, haut. 51 cent., larg. 66 cent. ... *1185*

(Cabinet de feu M. CASIMIR PÉRIER.)

—————

N° 5.

—

BOLL (FERDINAND).

—

Figure de buveur, vue à mi-corps, un verre à la main.

TOILE, haut. 00 cent., larg. 86 cent. ... *3650*

(Cabinet de M. P. PÉRIER.)

N° 6.

BOLL (FERDINAND).

Portrait d'homme.

TOILE, haut. 1 m. 50 cent., larg. 80 cent.

(Cabinet de M. P. PÉRIER)

N° 7.

GUERCINO.

L'Ensevelissement du Christ.

TOILE, haut. 1 m. 62 cent., larg. 2 m. 30 cent.

N° 8.

DENNER.

Portrait d'un vieillard, à mi-corps.

TOILE, haut. 70 cent., larg. 58 cent. — 2900

(Collection ERARD.)

N° 9.

DIETRICH.

Cérémonie dans un temple israélite.

TOILE, haut. 44 cent., larg. 63 cent. — 1861

(Cabinet de feu M. CASIMIR PÉRIER.)

N° 10.

DOW (GÉRARD).

L'Ermite.

Bois, haut. 30 cent., larg. 22 cent.

(Galerie de l'Elysée Bourbon.)
(Cabinet de M. P. PÉRIER.)

N° 11.

DUJARDIN (KAREL).

Paysage avec figures et bestiaux.

Bois, haut. 32 cent., larg. 42 cent.

(Collection ERARD.)

Nº 12.

CLAUDE GELÉE (dit CLAUDE LORRAIN).

Des bergers conduisent un troupeau sur le bord d'une rivière. — Paysage et animaux.

Toile, haut. 56 cent., larg. 70 cent. —

(Cabinet de feu M. CASIMIR PÉRIER.)

Nº 13.

GREUZE.

Tête de jeune fille.

Toile, haut. 40 cent., larg. 28 cent. —

(Cabinet de M. P. PÉRIER.

N° 14.

DE HEEM (DAVID).

Fleurs, fruits et objets divers.

TOILE, haut. 58 cent., larg. 80 cent. ...

(Cabinet de M. P. PÉRIER.)

N° 15.

DE HEEM (DAVID).

Fleurs, fruits et objets divers.

TOILE, haut. 78 cent., larg. 1 m. 2 cent.

(Cabinet de M. P. PÉRIER.)

Nᵒ 16.

M. HERSENT.

Ruth et Booz.

TOILE, haut. 56 cent., larg. 70 cent.

(Cabinet de feu M. CASIMIR PÉRIER.)

Nᵒ 17.

M. HERSENT.

Daphnis et Cloé.

TOILE, haut. 1 m. 9 cent., larg. 86 cent.

(Cabinet de feu M. CASIMIR PÉRIER.)

N° 18.

HOET (GÉRARD).

Les Danaïdes.

Bois, haut. 41 cent. larg. 54 cent. — *565*

(Cabinet de feu M. CASIMIR PÉRIER.)

N° 19.

DE HOOGH (PEETER).

Les Joueurs de boule, extérieur.

haut. 69 c. larg. 64 cent. — *4,800*

(Collection du duc de MARLBOROUGH.)

N° 20.

—

DE HOOGH (PETER).

La Balayeuse (Intérieur.)

haut. 50 cent., larg. 50 cent. — 4,020 —

(Cabinet du comte d'HARCOURT.)
(Cabinet de M. P. PÉRIER.)

N° 21.

—

J. JORDAENS.

Sainte famille.

Bois, haut. 1 m. 72 cent.; larg. 1 m. 44 cent. — 1601 —

(Cabinet de feu M. CASIMIR PÉRIER.

N° 22.

LENAIN.

Le concert de village.

Toile, haut. 63 cent., larg. 86 cent. — 760

(Cabinet de feu M. CASIMIR PÉRIER.)

N° 23.

LINGELBACH.

Marine : vue d'un port.

Toile, haut. 86 cent., larg. 62 cent. 1,720

(Cabinet de feu M. CASIMIR PÉRIER.)

N° 24.

DE MOOR (KARL).

Louis XIV et les états-généraux de Hollande.

Bois, haut. 56 cent., larg. 41 cent.

(Cabinet de feu M. CASIMIR PÉRIER.)

N° 25.

MIÉRIS (GUILLAUME).

Le petit Tambour.

Bois, haut. 33 cent., larg. 27 cent.

(Galerie de l'Élysée Bourbon.)

Nº 26.

MOUCHERON (figures d'Adrien van Welde).

Paysage : effet du soir.

Toile, haut. 44 cent., larg. 54 cent. — *3,400*

(Cabinet de feu M. CASIMIR PÉRIER.)

Nº 27.

MEULEN (vander).

Le Coche.

Toile, haut. 48 cent. larg. 76 cent. — *980*

(Cabinet du comte PERREGAUX.) *n° 19 — 1005ᵛ*

N° 28.

NEEFS (PETER).

Intérieur de la cathédrale d'Anvers.

Casimir Périer Bois, haut. 70 cent., larg. 1 m. 2 cent. _ *1325*

(Cabinet de feu M. CASIMIR PÉRIER.)

N° 29.

NEER (VANDER).

Effet de lune.

Montgomery TOILE, haut. 50 cent., larg. 72 cent. _ *4,400* _

(Cabinet de M. P. PÉRIER.)

N° 30.

OSTADE (ADRIEN VAN).

Le Marchand de Poissons.

TOILE, haut. 40 cent., larg. 33 cent. — *11,011.*

Montgomery

(Cabinet de M. P. PÉRIER.)

N° 31.

OSTADE (ADRIEN VAN).

L'Empirique.

BOIS, haut. 56 cent., larg. 80 cent. — *6,001* —

(Cabinet de feu M. CASIMIR PÉRIER)

N° 32.

OSTADE (ISAAC VAN).

Le Marché.

Richard —   Bois, haut. 56 cent., larg. 80 cent. — *17,500* —

(Cabinet de M. P. PÉRIER.)

N° 33.

PRUD'HON.

Assomption.

Montgomery   Toile, haut. 32 cent., larg. 21 cent. — *12,000* —

(Cabinet de M. P. PÉRIER.)

N° 34.

—

REMBRANDT.

—

Portrait de sa mère.

Bois ovale, haut. 80 cent., larg. 60 cent. — _

(Cabinet de M. P. PÉRIER.)

N° 35.

—

REMBRANDT.

—

Susannho au bain.

TOILE, haut. 1 m. 43 cent., larg. 1 m. 40 cent. — 6350 —

(Cabinet de M. le comte MAISON.)
(Cabinet de M. P. PÉRIER.)

N° 36.

RIBERA.

Lucrèce (la Mort de).

Toile, haut. 1 m. 20 cent., larg. 96 cent.

(Cabinet de M. P. PÉRIER.)

N° 37.

RIBERA.

Le Mangeur de Macaronis.

Toile, haut. 1 m. 20 cent., larg. 1 m.

(Cabinet FOSSARD.)
(Cabinet de M. P. PÉRIER.)

N.º 38.

RUBENS.

Nativité (Esquisse).

Bois, haut. 46 cent., larg. 32 cent. — 499

(Cabinet de feu M. CASIMIR PÉRIER.

N° 39.

RUBENS.

Figure allégorique.
Hygie nourrit Esculape sous la forme d'un serpent.

TOILE, haut. 1 m. 20 c. larg. 72 cent. — 3,855

(Cabinet de M. P. PÉRIER.)

N° 40.

RUQUIERK.

Paysage et animaux.

TOILE, haut. 1 m. 8 cent., larg. 1 m. 50 cent. *1050*

N° 41.

RUYSDAEL (JACQUES).

Le Moulin à eau.

TOILE, haut. 54 cent., larg. 66 cent. — *3550* —

(Cabinet de M. P. PÉRIER.)

N° 42.

—

SCHALKEN.

Cuisine hollandaise.

Bois, haut. 32 cent., larg. 23 cent.

(Galerie de l'Élysée Bourbon.) n°. 19 — 4,000 f

N° 43.

—

SCHALKEN.

Bourgeoise hollandaise.

Bois, haut. 26 cent., larg. 22 cent.

(Cabinet de M. P. PÉRIER.)

N° 44.

STEEN (JAN).

Les Noces de Cana.

Partie

TOILE, haut. 1 m. 20 cent., larg. 1 m. 15 cent. — *16,50 —*

(Galerie de l'Élysée Bourbon.) *n° 4 — 13,50*
(Cabinet de M. P. PÉRIER.)

N° 45.

STEEN (JAN).

Intérieur (la querelle de ménage).

TOILE, haut. 68 cent., larg. 82 cent. — *560 —*

N° 46.

—

TÉNIERS (DAVID).

——

Danse de village.

TOILE, haut. 1 m. 40 cent., larg. 1 m. 30 cent.

(Cabinet de feu M. CASIMIR PÉRIER.)

———

N° 47.

—

TÉNIERS (DAVID).

——

Les Moissonneurs.

TOILE, haut. 66 cent. larg. 86 cent.

(Cabinet de M. P. PÉRIER.

Nº 48.

VATTEAU.

Divers sujets peints par ce maître dans sa manière large, pour remplir des panneaux de salon et de salle à manger, seront vendus sous ce numéro.

Nº 49.

J.-B. WEENIX.

Vue d'un port.

Toile, haut. 84 cent., larg. 1 m. 10 cent.

(Galerie de l'Élysée Bourbon.)
(Cabinet de M. P. PÉRIER.)

N° 50.

J.-B. WEENIX.

Fuite en Egypte.

Toile, haut. 56 cent., larg. 48 cent. — *1000* —

(Collection BURTIN.)
(Cabinet de M. P. PÉRIER.)

N° 51.

WOUWERMANS (PHILIPPE).

Halte de cavaliers.

Bois, haut. 46 cent., larg. 56 cent. — *400* —

(Cabinet de feu M. CASIMIR PÉRIER.)

N° 52.

WELDE (ADRIEN VAN).

Paysage : animaux à l'abreuvoir.

TOILE, haut. 44 cent., larg. 56 cent.

(Cabinet de feu M. CASIMIR PÉRIER.)

N° 53.

WELDE (ADRIEN VAN).

Paysage : bergers et troupeaux sur le bord d'un ruisseau.

TOILE, haut. 33 cent., larg. 28 cent.

(Cabinet de feu M. CASIMIR PÉRIER.)

N° 54.

WYNANTS (JEAN).

Paysage, figure de Lingelbach.

TOILE, haut. 76 cent., larg. 65 cent.

(Cabinet de feu M. CASIMIR PÉRIER.)

N°˙ 55 ET 56.

BOUCHER (F.).

La Naissance de Bacchus.
L'Enlèvement d'Europe.

Deux tableaux sur toile de grande dimension, faisant pendants ; les figures
sont de grandeur naturelle.

N° 57.

Divers tableaux non classés seront vendus sous ce numéro.

9 782329 076768